AF599163

ALAN SMITH SOTO

TEMPLO

ALAN SMITH SOTO

TEMPLO

HUERGA & FIERRO editores

Diseño de Colección: Huerga y Fierro

Primera edición: 2024

C/Sebastián Herrera, 9
28012 Madrid-España
Telf.: 91 467 63 61
www.huergayfierro.com
huerga@huergayfierro.com

I.S.B.N.: 978-84-128971-4-2
Depósito Legal: M-22631-2024
Impreso en Romadac Industria del Libro
Impreso en España/Printed and made in Spain

Para Mark

El templo permanece sagrado
cuando los dioses se han ido

Templo

Haiku

Llegó el silencio
hasta la mariposa,
abrió su ala.

Templo

El templo permanece sagrado cuando los dioses se han ido
SCHILLER, PARÁFRASIS DE RAMÓN MENÉNDEZ PLAYO

Venimos del bosque
a este claro de hierba
tascada por el ganado.
Subimos las soleadas
paralelas de piedra
y pisamos su pórtico ensombrecido
por la brisa: entramos.
Las losas gastadas por la ausencia
reclaman nuestra descalcez,
la columnata
remeda con su mármol
al más antiguo templo
que con su silencio nos rodea;
hanse deslizado algunas hojas
hasta nuestros pasos,
    ni antes,
                ni después.

Hacer pie

Aquí el ángulo
primeramente.

Ángelus

Bajo las golondrinas, las muchachas
tienden camisas blancas en el trigo.
Aún así,
de repente
es ayer.

Del pan la maravilla,
del corazón
el vuelo de paloma.

Incidente

El clown
tropieza sobre
su precoz zapato, los lunares
de su pantalón
convergen,
pero de nada ha valido.

Informe

Abrió su boca
y salieron de ella
cambios de piel de culebra,
revelando un pálido fulgor
como el óxido tornasolado en una vieja plata,
o gasolina, tal vez.

Finisecular

En la terraza, bajo la noche, bailábamos un vals, veía la delicada perla de sudor en su perfumada sien, giraban las estrellas, los faldones de mi frac y su vestido eran un solo mar de espuma y sueño, el mismo que extendía su fósforo, allí abajo, a lo largo de una doble hilera de faroles. Entonces el ujier me entregó un papel, ella me miraba con ojos de profunda inocencia, la llevé a la sala, y hube de salir, lenta, pasajera, quizás huérfana la madrugada.

Desayuno en el Gran Hotel

Lo vi entrar a través del vidrio escamado de los ventanales, vi su silueta sentarse frente al piano, y la tecla produjo la primera cristalina nota. ¿Estaría pensando en su amada, frente al oleaje? Los arpegios, con alguna sexta, se abrían en una lluvia de perlas, a través de la gran puerta entornada. Yo sorbía mi café y el anciano camarero me preguntó, amable, ¿es de su gusto esta grabación? ¿Grabación? le pregunté...

Vamos a la noria

Me lleva de la mano
Amaya, niña de cinco años
y me promete que en la balsa
cantan muchas ranas;
vuela el sombrero de su madre
y sabe que se lo he de recoger,
mientras rompe un limón
de una rama
para depositarlo en él.

Si alguien te pregunta
por el viento
dile que nació cuando era niño
en el momento
de levantar corriendo
mi cometa.

Oriental

Hubo un palacio cuyas condiciones
eran perfectas para el ruiseñor
que despertaba todas las mañanas
el sueño de su ama con su flor.

Los ventanales de alabastro fino
matizaban la luz de los naranjos
y las mañanas largas de la alberca
brillaban en mil guiños de agua y sol.

Al mármol con el pie la bayadera
en tibieza cambiaba su frescor
y el pavo real su majestad abría
sobre los ajedreces del salón.

Llegó al palacio una noticia un día
desde muy lejos una fresca flor
que el mensajero puso entre los dedos
del ama, controlando su temblor.

Pasaje

Entre sus dientes
la uva devastaba
mientras la culebrilla
de oro amaestrado
repta por la garganta
de su pie.
Se desliza la seda
de su muslo,
y dice para siempre:
su cabeza.

Desnudo

Dejo caer los yesos de mi pared,
topan con la tierra,
asoman números parciales,
adobes.

Canto de cisne

En un rincón del lago,
donde con preferencia
se tiende la sombra
en el verano,
hemos visto
en este mes de marzo
los últimos vestigios de la nieve;
un pequeño témpano en la orilla
extendía su ala
para orearse.

Las yemas de mis ojos

El fulgor ha trazado en mi retina
el árbol deshojado de mi huerto;
sus ramificaciones son idénticas,
fuera suben mis venas hacia el cielo.

Disposición secreta para el rayo,
compleja precisión, acomodada
para que la luz lleve su vida
a todos los rincones de las ramas.

El mes de marzo ya promete abril,
y en sus tallos las yemas se han hinchado;
pronto se perderán sus rayas negras
entre las galas de poblados ramos.

Mis ojos, una parte de esa rima,
recibirán en flor la maravilla.

Paz

Quiero hacer constar
esos sencillos veinte metros verdes
del árbol de mi patio
meciéndose en mayo
en su secreto enorme
tocado aún del brillo de la tarde.
A ras de tierra, el tejo, que no podo
derrama espina y sombra.
De pronto, alguna luz,
dos golondrinas nadan paralelas
tras el techo
y empieza a abrirse el cénit
del planeta.

Dies irae

Catalejos

Dicen que desde el fondo de un pozo,
mirando tubo arriba,
se ven las estrellas
siendo pleno día.
¿Habrá quien necesite metáforas?

Lugar común

Perdió el silencio
su condición de raza
perdió también
la muerte
sus aretes
la noche
la mitad
el tren
el horizonte,
el pan su viejo hospital de piedra.
Quebrados cuántos corazones,
fue un mantel
la paz sobre la hierba.

He tenido miedo de perderlo todo:
la luz rectangular en esta alfombra
su tarde dueña
mi cuerpo
ese sombrero
el deseo, sagrado siempre,
que corre por las venas de la rama
sin hojas
pues es febrero (del año 2020)
y sin embargo llenas
del repetido silencio de sus yemas,
son pocas cosas
lo sé
casi nada, en verdad,
¡tanto lo quiero!

Dies irae

1

¿Qué hace esa pantufla
en medio del asfalto?
O, por así decir, los nudillos
de Dios por toda la cara
de esa puesta de sol rota?
Nadie se acerca
en un camino sereno.
Más bien procura huir
el ratón de su voracidad.
Más bien el lugar
del nuevo pozo
se llena de pereza de millonario,
de aceite de siglo,
de hueco.

2

Ni más se ensayarán
para la guerra
el cielo en llamas
ni la llamita atada
para lágrima,
la tierra abierta
por su propio hueco
tampoco la conciencia
en cuanto arcilla,
la lengua traspasada
de colmillo
y aquel que odió
su coágulo terrible.
Si se pudiera hoy
en un poema
decir, ¡Oh Dios!
pero es el caso
que al apestado
regalé un billete
poniéndolo en el
suelo
a unos pasos.

Cansado de morir,
se lavó la cara
con un jabón ligeramente perfumado,
y se echó a andar, apagando a cada paso
una sombra del tamaño
exacto de su pie.

Cuando terrible gime el huracán

Cuando terrible gime el huracán
y con su uña araña la ventana,
ven hacia mí tremenda huracana,
ven linda Eva a brazos de tu Adán.

Las tempestades vienen y se van
y esta su furia aplacará mañana,
su cruel desorden, su pasión malsana
ahítas ya de horrores pasarán.

Y tú y yo, a nuestro amor rendidos,
las sílabas de siempre susurramos,
constancia humana, muerte sometida,

por la naturaleza enardecidos
nos ofrecemos desbordantes ramos
al reclamar los fueros de la vida.

Han echado la calle

Alcé después mis ojos y miré, y he aquí un varón que tenía en su mano su cordel de medir. Y díjele: ¿A dónde vas? Y él me respondió: A medir a Jerusalem ...

(ZACARÍAS 2, 1-2)

Han echado la calle
a la calle,
pero es abril,
el año de la peste
bajo la acacia
de su movimiento,
la torre tañe
del bronce para abajo
y el carrito de la compra
yace de lado,
moviéndose una rueda
en el viento.

Quiero dar un abrazo

y las calles de la ciudadserán llenas
de muchachos y muchachas
que jugarán en las calles
(Zacarías, 8, 5)

Quiero dar un abrazo a Alfonso, a Carmen, a Celia y Graciela,
a Jose y José Luis, y a Loreto,
a María José y Mireia, las dos Pilares,
a Salus, Tono, y Zara,
uno por uno, en una calle madrileña,
la de la Ruda, esquina Rastro, por ejemplo,
abrazo de Madrid,
ciudad que quiero
porque es vosotros
con cada risa y pensamiento claro,
con cada reflexión, cada silencio,
bajo la tarde golondrina,
los aleros
que no se cansan nunca de sus tejas
y su cielo.
¡Madrid!
donde la muerte
ocurre separada,
te falta de repente el abrazo,
ahí va el mío americano.

Lápiz

Cadencia de Antón Martín

Pasa un muerto
con un hombre al hombro,
el esternón desiste, y sin embargo,
cayéronse tres sedes, cuatro hambres
y algunos rombos
del pecho de Arlequín;
cayó también la vez que dio la anciana
para el pescadero y sus tijeras.
La tarde, ¿lo dije? cayó la tarde.

Yo soy el gatito blanco
que se asoma a la ventana
en la calle del Humilladero.
Giro lentamente la cabeza y parpadeo.
Ese señor con el lápiz en la mano,
¿me van a contar a mí
lo que está haciendo?
Soy bonito, ya lo se,
un si es no es enigmático,
¡pero bueno!
Estoy en mi puesto,
¡y basta!

Plaza de Cascorro

En la esquina del tejado,
bajo las nubes del anochecer,
la silueta de una
paloma
que no se cansa
de todo lo que ve.

Solsticio en La Latina

Al contrario de la asíntota,
la vida incide en el eje horizontal,
piensa, bajo el toldo del balcón,
mientras se desata
una luminosa lluvia
y la delicia.
Entonces, en esta tierra seca,
sueltan su aleluya las campanas
de San Isidro, responden las de San Francisco
el Grande, se une, para no ser menos,
el modesto reclamo de
la Virgen de la Paloma:
han sido oídas las plegarias.
Van callando truenos, callando las campanas,
en el silencio se inscribe el gorjeo
de algunas aves, que de asíntotas
parecen saber nada.

Plaza de La Cebada

—¡Preciosos claveles! —me dijo la mujer haraposa.
Yo llevaba las flores recién compradas en un cucurucho de papel.
—Gracias, ¡tome uno! —le dije, sacándolo del racimo.
—¡No! —contestó, dando un paso atrás— ¡No lo podré honrar!
—Sí, lléveselo, —casi le supliqué.
—Lo llevo aquí, —me dijo, alejándose
y señaló su pecho.

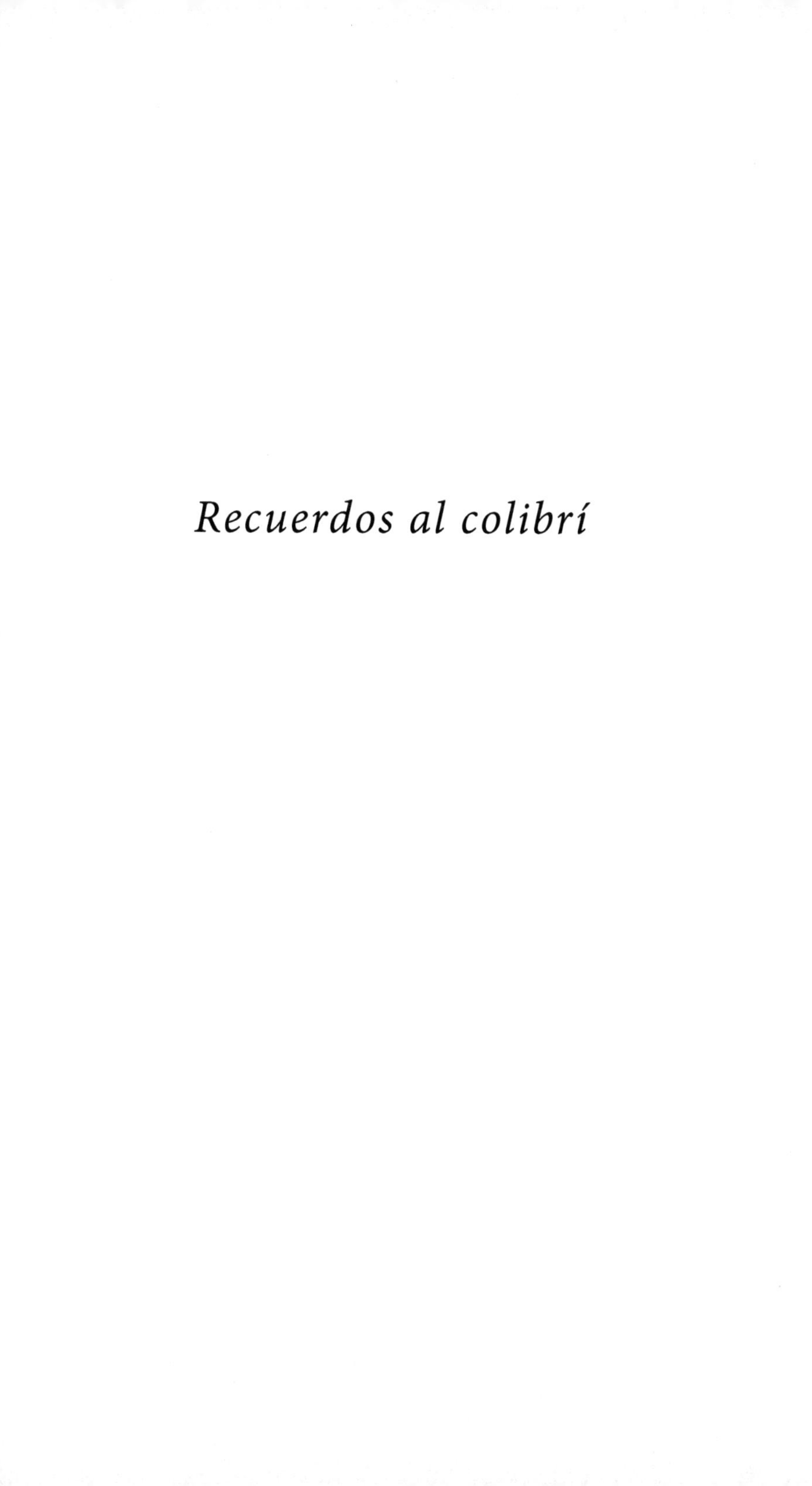

Recuerdos al colibrí

Machu Picchu

Hoy he visto
el árbol de la orquídea
de la fucsia
y de la chirimoya
he visto hoy la piedra
en su desorden
y el orden breve
al que llegó
un imperio,
hoy vi la sombra
acurrucar al sol
y el siglo huir
como si fuera piedra.

Saqsaywaman

Suchuna,
cuando crece tu granito
saludas de tú a tú
a la ciudad de trozos de planeta,
la otra altura.
¿Qué os decís
con esos grandes ojos?
Saqsaywaman,
a penas convencido
lugar para la mano,
piedra con un pliegue
para el tiempo.

Volví a la piedra,
aquella de la honda
del pastor de espartos,
aquella
que sufrió la herida de mi pie
y ya no pudo simplemente estar,
o la que entre una estrella y otra estrella
fue ya lugar
y ardió
después de todo.

Llanto por Óscar Arnulfo Romero (cantata para asesino y coros)

(coro femenino)
Me han matado, dijo
en el segundo que siguió a la bala
un hombre que no temió a la muerte,
la que mata y no vence
la que arrastra su enorme pata material
hasta perder su propio rastro.
Te tendieron de espaldas
en tu sangre,
pero te fuiste de pie, de ala, de viento.

* * *

(coro mixto)
Fatal abono, su sangre derramada
sobre las losas, las perdidas calles,
los campos de maíz salvadoreño
y el patio donde un niño sueña lejos
el mismo sueño que soñó el santo.
Ofreciste la mano al que caía
al odio mismo, a la tarde, lejos,
su golondrina lenta.

Santo Romero, pero no el milagro
con que cumplía su trámite
la causa fue de su alma de hombre bueno

del gran valor que recibió del cielo
amor y fe unidos, hermanado
ejemplo muy sencillo, santo, santo.

* * *

(tenor)
Padre, llegué hacia ti
por una herida que causé al matar,
no la del pobre que caía a mis pies,
sino la otra, sin salvación posible,
que ya no pude cerrar dentro de mí.
Llegué a tu puerta, abierta, como siempre,
y pregunté que dónde estaba el santo.
Fue la necesidad de las estrellas
que en tu mirada podrían vencer mi noche
de hombre que sangra por las manos
la sangre del cordero.
¡Padre! hablaste con mi muerte,
y con las alas de tu abrazo humano
venciste mi soledad sin tregua.
Con tu perdón de hombre me salvaste.
Hijo, me llamaste, ¡Hijo! ¡Sí!
Entonces volví al campo, hombre otra vez,
tomé una mazorca
que pronto deshojé,
mordí los granos
con la primera hambre
que tú me habías de nuevo restituido.
Esto lo cuento
padre, porque quiero

que se diga,
que si a ti te mataron, como yo mataba,
nada pudieron contra tu palabra,
aquella, la de ¡hijo! con que salvaste
a un hombre, a un pueblo,
a su mazorca entera.

* * *

(coro mixto)
Fatal abono...

Recuerda el alma dormida

Junto al río,
se fue el caballo
animal abajo,
así como el betún
de su relincho,
el sacudimiento
de su hombro
para la mosca,
la larga pereza
de su cola negra.
Era Turrialba
cuando cabía mi altura
debajo del cuatro
de sus piernas.

Postal

Recuerdos al colibrí
(cuando le hables)

al triángulo perdido
en la montaña

al desaparecido
buey, y su carreta
también desaparece,

al montón de machetes herrumbrados,
a la herrumbre
lejos del machete,

a mil doscientos veinte y siete pájaros
sobre la madrugada
de los cafetales
donde los gatos
se perdían despacio,
a los tres dedos
del perezoso por el árbol,
al conductor del taxi
de camisa blanca
y la historia que contaba
en la que intervenía
el tiempo.

Larga distancia

Me llama Juan del otro lado del mundo
o así parece, aunque es solo San Juan,
la Plaza de Armas, en estos días oscuros.
Le pregunto si estaba allí el cojo
que vende lotería,
me dice que había comprado un número,
que había conocido a una chica,
que el mar no se había ido.

Vamos a ver...
dijo un ciego
decía uno de mis tíos,
y se suponía
que el niño
sonriera
por lo menos
en la sombra
de las palmeras
del parque Morazán.
Con los años
vi delante de mis ojos
una roca
oscura, biselada
áspera, por la que se deslizaban
las sombras;
con un tirón arranqué
la espiga de hierro
de la piedra,
que colgó aún de mi pulso.
Salí por esa boca,
en vista de los hechos,
con mi mano aherrada
llevé agua a mi sed.
¿A qué sabe?
Cierro los ojos
para beber.

Gymnopédie
para Arlequín y Nube

ARLEQUÍN *contempla la* nube, *que se le acerca desde el otro extremo del escenario.*

ARLEQUÍN. Nubecilla, entrémonos
esta tarde...
NUBE. Sí, entrémonos.
ARLEQUÍN. ... esta tarde sin avión
ni tecla.
NUBE. ¡De marfil, de marfil!
ARLEQUÍN. Sí, bueno. Fíjese
cómo han acuchillado
esta camisa, pero
con tiempo, ¡eh!, con
tiempo de
rombo.
NUBE. De eso hace ya
un pasajero, o una
extensión de alas.
ARLEQUÍN. Nadie lo pudiera
haber explicado mejor...

(*La* NUBE, *representada por una muchacha en malla de perla, se le acerca y enrosca su pierna alrededor de las piernas de* ARLEQUÍN*).*

NUBE. Eres mi predilecto
porque no sabes mentir,
ni coser un botón
para que no deje
de poder perderse.

ARLEQUÍN. *(Se deshace de la* Nube*).*
¿Y si dos manos
se acercan, sin
el menor pudor,
a una baraja,
en primera persona?

NUBE. Ay, ¿cómo sabías,
cómo sabías?

ARLEQUÍN. *(Gira, abriendo y cerrando lentamente la* o *de sus brazos).*
Yo soy el amante
feliz, soy el
durante, después de
antes y antes de
después, quiero
decir...

NUBE. ¡No te lo permito!
o dices o no dices,
simplemente, tontaina.

ARLEQUÍN. *(Se sienta en el suelo y se coge las rodillas para pensar en tres posibilidades y suspira).*
Ay, la yema del dedo ostenta...
¡polvillo de mariposa! *(Ríe).*
Entrémonos, nubecilla.

NUBE. Sí, entrémonos.

(Se le acerca con ternura de tictac... Luz de crepúsculo. Oscuro).

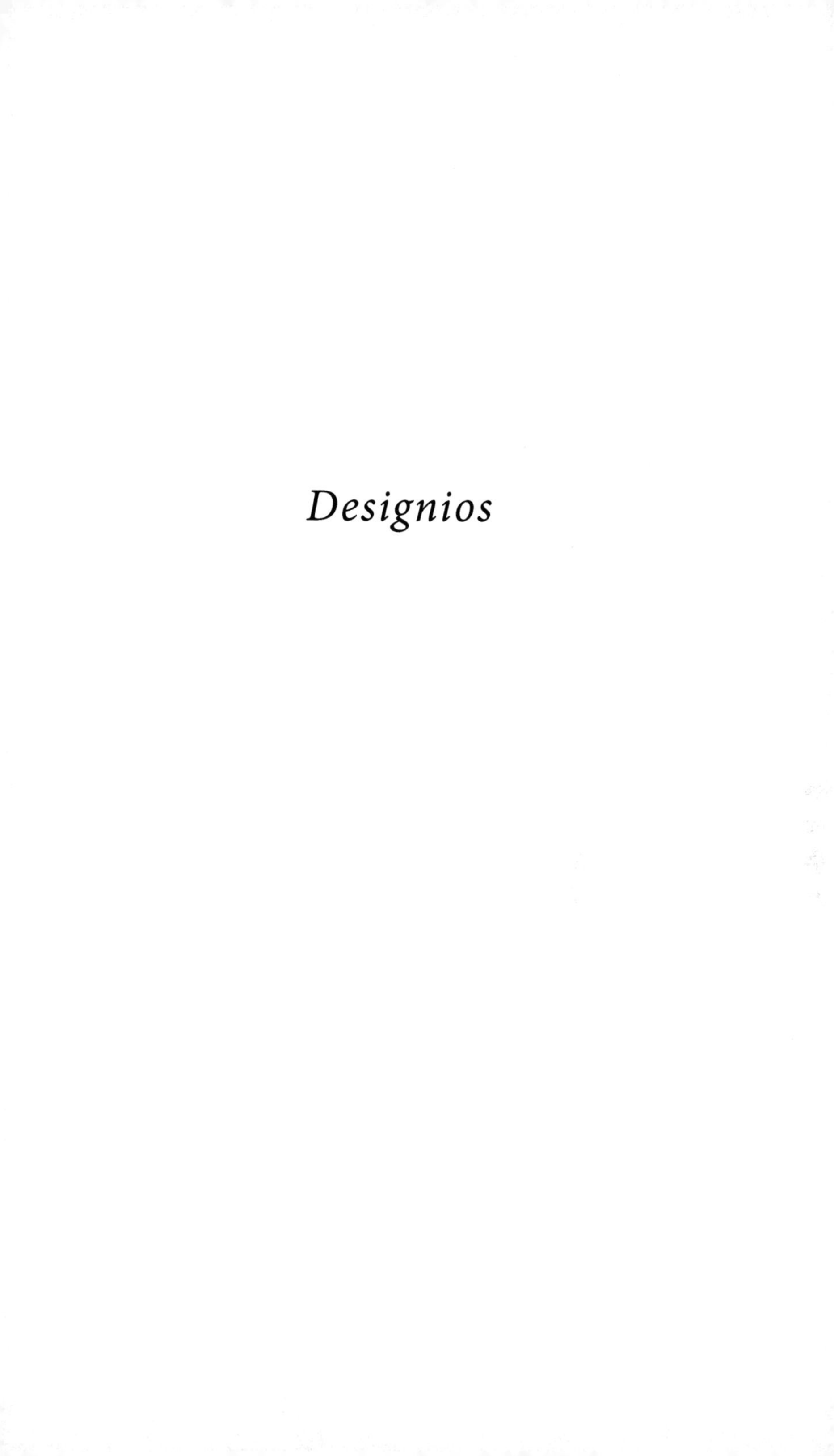

Designios

Resistir

¡A la piedad,
un liquen en su norte,
allí, donde no llega el sol!
bramó,
y fue desatendido.

Ser y estar

En el rincón más insignificante del palacio, donde ni siquiera el ratón más desprestigiado por los otros ratones se dignaría a duras penas entrar, raspando su lomo, había un planeta, en uno de cuyos valles había un palacio...

Pan nuestro

y si así viste Dios a la hierba, que hoy está en el campo,
y mañana es entrada en el horno

LUCAS, 12: 28

Al contrario
de la bestia
el hombre interpone fuego
antes de comer la hierba.

Pentagrama

¿Quién corrió a buscar
su nacimiento?

¿Quién no tuvo
suficiente tiempo?

¿Quién dejó de amar
después de muerto?

¿Quién encendió su voz
en el silencio?

¿Quién perdió su cáncer
de domingo?

¿Quién, en fin, llegó
a la cuarta hora,
sin haber dicho
si hubiera sido otra?

Designios

sucumbe la noche,
la mentira sucumbe,
el odio, también sucumbe,
la muerte no ha dejado
de sucumbir,
el almacén, en un
polígono industrial,
siempre en las afueras, donde
hay detrito, pecio,
está lleno
de sucumbimientos
jamás palpados por
Amazon
desastrosamente
siempre
a unos pocos metros más allá
de la última parada,
donde, sin embargo, no se encuentra
ya ninguna máquina de
coser, ni mucho menos,
el dulce pedal, que
con los dos pies
diligentes y fidedignos
de una antepasada
perdida para todos
menos para ti,
impulsaba toda
la operación.

Lapso

Dispuesta la saliva,
cuelga de la rama
todo lo que le falta a la serpiente
para alcanzar su voz
y ser serpiente,
su silbada telaraña
en que cayera
la primera pesadumbre de una estrella
y luego, otra, y
todas las del cielo
y así desorientar
al hambre, al sueño, al polen
a las albas.
Mientras tanto,
dos habían caído
por la primera vez en una lágrima,
y no faltaba a la noche nada.

Naufragio

Se hundió el sextante gradualmente
hasta tocar la arena sumergida,
en la que levantó un tenue polvillo.
Noche eterna
a la que hizo bajar
la sexta parte.

Encuentro

encima del granito
un zapatito solo,
un zapatito.

El pan perdido

¿Dónde romperá
en pedazos
su gran arenga?
¿En qué mantel,
junto al pliegue de una plancha hacendosa,
abrirá su morona
más lenta que la muerte?
Nadie lo busque,
pues se ha perdido
al recoger el tiempo,
pero, si por casualidad doblas la esquina
donde el filo se puso huérfano
y nada puedes,
allí estará contigo y conmigo.

Índice

TEMPLO

DIES IRAE

LÁPIZ

RECUERDOS AL COLIBRÍ

DESIGNIOS

Esta obra
se acabó de imprimir
con los auspicios de
Charo Fierro y
Antonio J. Huerga, editores

FINIS CORONAT OPUS